4:L?k
40044

L⁷k
0044

LES
Anciens Jardins
de
FONTAINEBLEAU

PAR

M. Georges GIBAULT

Bibliothécaire de la Société Nationale
d'Horticulture de France

AVEC 13 GRAVURES

PARIS
LIBRAIRIE HORTICOLE
84 *bis*, RUE DE GRENELLE, 84 *bis*

1913

ANCIENS JARDINS DE FONTAINEBLEAU

ÉTUDE HISTORIQUE ET ARCHÉOLOGIQUE [1]

Par M. Georges GIBAULT

I

Considérations Générales

Parmi les résidences de nos anciens rois, le château de Fontainebleau est assurément une des plus anciennes et la plus riche en souvenirs historiques. Tant d'événements se sont passés dans ce palais : il a vu naître et mourir tant de souverains ou de nobles personnages que ses annales sont plutôt un résumé de l'histoire de France !

La fondation de Fontainebleau peut remonter à Hugues Capet ou au moins à l'un de ses descendants immédiats, lequel, séduit par la beauté de la forêt de Bière — c'est le nom primitif de la forêt de Fontainebleau — et par l'abondance du gibier, s'y sera fait construire un rendez-vous de chasse. Dans tous les cas, Fontainebleau apparaît tout d'un coup dans l'histoire, au XIIe siècle, sous la forme d'un manoir féodal, avec ses tours, ses fossés, son donjon. Louis VII, dit le Jeune, y habite avec sa cour ; il y fait acte de gouvernement, puisque l'on possède deux chartes datées de 1137 et de 1141 et signées par ce roi en son château de Fontainebleau, *apud fontem Bleaudi*.

Ceci nous amène à parler de l'étymologie contestée du nom de Fontainebleau. Rappelons d'abord l'histoire légendaire d'un chien nommé Bleaud, auquel on rapportait autrefois l'origine du nom. Cette étymologie plaisait à l'imagination par son côté pittoresque. Le père Dan, premier historien de Fontainebleau, raconte ainsi cette tradition qu'il croit vraisemblable : « Pendant qu'un de nos Roys chassoit un jour dans cette forest, il arriva qu'un chien nommé Bleau ou Bliau (2) s'étant égaré de la chasse, comme on le cherchoit, parce que c'étoit un chien que le Roy aimoit fort, il fut trouvé auprès d'une fontaine au milieu de cette forest, où il se rafraichissoit ;

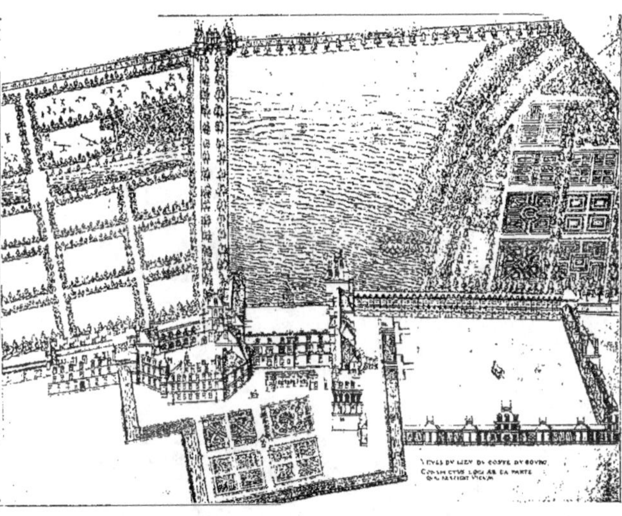

Fig. 1. — Château et jardins de Fontainebleau. (Plan de Ducerceau, 1579).

cette fontaine n'étoit pas encore cognüe et pour cela elle fut depuis appelée la Fontaine-de-Bleau ». Cette légende ne repose sur aucun témoignage sérieux ; elle était à la mode à l'époque de la Renaissance, car François Ier fit peindre à fresque l'histoire du chien Bleau sur la coupole d'un édicule qu'il fit construire au-dessus d'une fontaine qui n'existe plus ; elle se trouvait à peu près au milieu du jardin anglais actuel. On l'appelait Fontaine de Bleau et plus tard Fontaine Belle-Eau. Cette dernière étymologie est assez moderne : elle a séduit, parce qu'elle semble faire allusion à la limpidité des eaux des belles fontaines du domaine royal. Cependant, les textes latins qui datent des premiers Capétiens nommant l'endroit où s'élevait le manoir des rois de France disent *Fons Bliaudi* ou *Blialdi* qu'il faut traduire par Fontaine de Bleaud ou du Bleau.

---

(1) Sources consultées. — Dan (Le Père), *Le Trésor des Merveilles de Fontainebleau*, 1642. — Guilbert (Abbé), *Description historique de F.*, 1731. — Jamin, *Notice historique de F.*, 1838. — Vatout, *Souvenirs historiques des résidences royales*, 1840. — Castellan, *Fontainebleau*, 1840. — Champollion-Figeac, *Les Palais de France*, 1866. — Palustre, *La Renaissance en France*. — Ducerceau, *Les plus excellents bastiments de France*, ed. Destailleurs. — *Guides* Colinet, Joanne. — Dimier, *Recherches sur la grotte des Pins*. etc.

(2) Nom fréquemment donné aux chiens de chasse.

ce qui n'a nul rapport avec les eaux de la localité. Ce nom latin fut francisé et devint Fontaine Bliaut ou Bleau. Or, au moyen-âge, le bliaut ou bliald était un vêtement très répandu, sorte de robe ou tunique de dessus commun aux hommes et aux femmes. Il nous en est resté la *blouse* moderne, qui se dit encore *blaude* dans le centre de la France. L'étymologie rationnelle, du mot Fontainebleau se trouve donc dans Fontaine du Manteau, appellation qui doit se rapporter à une circonstance oubliée depuis longtemps.

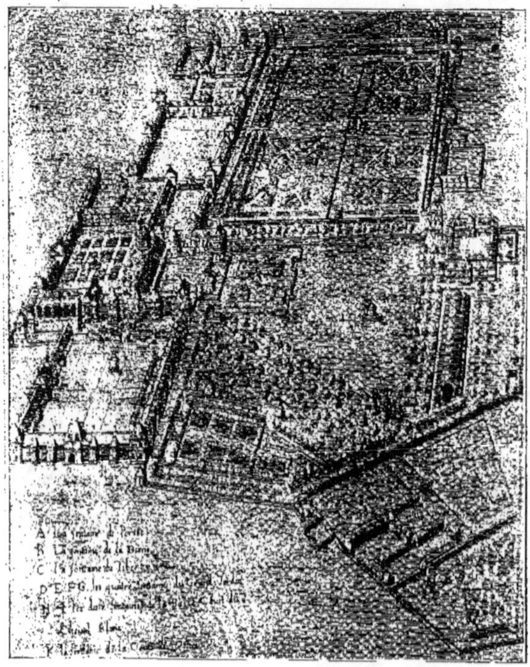

Fig. 2. — Château et jardins de Fontainebleau. (Plan du P. Dan, 1642).

Saint Louis aimait beaucoup le séjour de Fontainebleau. Il chassait souvent dans la forêt de Bière, dans ce qu'il appelait « ses chers déserts ». Il y a marqué son passage par des constructions. On cite un massif pavillon de la Cour ovale, sorte de donjon muni d'une tourelle et qui porte son nom. Ses murs de 3 mètres d'épaisseur, noyés dans les bâtiments du temps de la Renaissance, sont les seuls restes de l'ancien manoir féodal dont le plan répondait exactement au tracé de la Cour ovale actuelle. Saint Louis fonda à Fontainebleau un couvent pour les religieux Mathurins auxquels il accorda d'importantes concessions de terres dans le voisinage du château et que ceux-ci revendirent plus tard à François Ier. L'emplacement du jardin anglais actuel, la Cour des Adieux,

l'Etang des Carpes, le Grand Parterre ont fait partie, avant la Renaissance, du domaine des Mathurins.

Au XVIe siècle seulement, commence l'histoire du Palais et des Jardins de Fontainebleau. Il est évident que, dans l'origine, le manoir des rois de France, à Fontainebleau, n'avait d'autre jardin que la forêt qui l'environnait. Tout au plus peut-on admettre l'existence d'un modeste potager sur l'emplacement du Jardin de Diane qui est sans doute le plus ancien jardin du Palais. Le sol, dans toute cette partie, est d'ailleurs d'une extrême aridité.

Les jardins ne commencèrent qu'avec François Ier. Alors le manoir subit une métamorphose complète. Les bâtiments, d'un nouveau style, prirent une extension considérable et des colonies d'artistes italiens, français et flamands, sous les ordres de Serlio, peintre et architecte de Bologne, s'ingénièrent à créer au roi de France un château de plaisance rival des riches villas que François Ier avait vues en Italie. C'est alors que fut édifié le gros œuvre que l'on voit encore aujourd'hui : la galerie François Ier, la Chapelle, la Salle de Bal, les constructions de la Cour du Cheval Blanc qui sert d'entrée principale au Palais.

Pour servir de cadre à ces bâtiments qui prirent en quelques années un accroissement immense, il fallut créer des jardins dans le domaine trop étroit des premiers Capétiens.

Vers 1529, François Ier acheta aux Mathurins leur couvent enclavé dans le domaine et beaucoup de maisons contiguës au vieux château. On établit le jardin des Buis, aujourd'hui jardin de Diane, le grand Parterre ; on creusa le grand étang, une foule de bassins, de viviers et canaux. Henri IV est, après François Ier, le grand constructeur de Fontainebleau. Il doubla, pour sa part, la superficie des bâtiments et des jardins.

Depuis 1593 jusqu'à 1607, il y dépensa la somme énorme pour le temps de 2.440.850 livres.

On lui doit la Cour des Offices, le Baptistère ou Porte Dauphine, la Galerie de Diane, le grand Canal et les Cascades. Il modifia l'aménagement des jardins de la Renaissance, fit établir des fontaines décoratives. Sous Louis XIV, Le Nôtre introduisit à Fontainebleau le style sévère et majestueux de ses jardins français.

En somme, chaque souverain a imprimé le cachet de son époque dans les jardins, l'ameublement et les constructions du Palais de Fontainebleau : « Ce n'est pas un palais, disait un noble étranger qui le visitait, c'est un rassemblement de palais ».

Comme on le pense, les jardins de Fontainebleau ont suivi davantage encore les fluctuations de la mode. Si les monuments de pierre édifiés par François Ier sont demeurés à peu près intacts, le sort de ses jardins a été bien différent.

Il retrouverait seulement aujourd'hui les ruines de sa Grotte du Jardin des Pins. Les fontaines monumentales de Francini, l'ingénieur hydraulicien de Henri IV, sont détruites. Malgré les irréparables ravages opérés par le temps et surtout par la main de l'homme, il nous sera possible, à l'aide des plans anciens et des descriptions d'auteurs contemporains ou modernes, de montrer les transformations successives qu'ont subi dans le cours des temps les principales parties des Jardins de Fontainebleau : le Grand Parterre, le Jardin de Diane, le Jardin Anglais, le Parc.

II

Le Grand Parterre

C'est le jardin principal du Château. Il s'étend depuis la Chapelle jusqu'au Pavillon Sully d'une part ; à l'ouest, la chaussée de Maintenon le sépare de l'Etang des carpes ; au sud, il est limité par la pièce d'eau et les canaux dits du « Bréau ».

Assurément, ce jardin, de forme carrée, entouré d'une terrasse qui le domine de un mètre environ, est le plus grand parterre qui existe en Europe ; il mesure près de 4 hectares de superficie. Par suite de cette étendue, la décoration florale de l'immense parterre est fort difficile. Quelle que soit l'abondance des plantes à fleurs, elle peut paraître assez maigre, d'autant plus que le terrain est ingrat, sec et stérile. L'habile jardinier-chef qu'est M. Lésimple a su vaincre cette stérilité, mais il n'en a pas toujours été ainsi : Henri IV se plaignait un jour au jardinier de ce que ce parterre était mal garni de fleurs. « Sire, répondit celui-ci, je ne puis rien faire venir sur ce terrain-là. » « Sèmes y des Gascons, dit le roi en riant : ils poussent partout. »

Le roi François Ier, dit le Père Dan, ayant considérablement agrandi le domaine royal, tant du côté du Parc que du côté des jardins, par l'achat du Couvent des Mathurins, fit dresser et environner de murailles un parterre, avec une grande terrasse toute de pierre laquelle commençait depuis la Chapelle haute jusqu'au Pavillon du grand Chambellan qui est à l'une des extrémités, c'est-à-dire au Pavillon Sully actuel. De cette terrasse, on jouissait d'une vue magnifique sur les jardins et la forêt.

A ce moment, le grand Parterre est connu sous le nom de Jardin du Roi, car François Ier se l'était réservé et en faisait sa promenade favorite. On l'appelait encore le Grand Jardin. Le Père Dan, cité plus haut, dit que ses divers parterres de Buis, ses rares (belles) fontaines et allées en palissades couvrent une superficie de 197 toises de long sur 164 de large.

Le plan de l'architecte Ducerceau, que nous avons précédemment reproduit, montre l'état du Château au XVIe siècle. Le jardin du roi est de forme presque carrée, clos de murs. Les 4 angles sont flanqués de 4 pavillons destinés à loger les principaux officiers du roi. Il nous reste un spécimen de ces pavillons d'angle, celui dit *de Sully*, parce que le grand ministre de Henri IV l'habitait pendant les séjours de la Cour à Fontainebleau, mais les grands F couronnés, qui ornent les hautes cheminées, appartiennent au règne de François Ier.

Ce jardin primitif ne diffère pas de ceux que l'on connaît de l'époque de la Renaissance.

Jardin d'utilité en même temps que d'agrément. De là un mélange, qui nous choque aujourd'hui, d'arbres fruitiers et de plantes potagères en carreaux, alternant avec des plates-bandes fleuries, ce qui n'empêchait pas d'y joindre des perrons, des grottes, des fontaines ornées de statues, et tous les jeux de l'hydraulique. La mode des grands ensembles ne date que de Le Nôtre. Sous François

Fig. 3. — Le Sphinx de l'Espanandelle (état actuel) (Jardins de Fontainebleau).

Ier, les parterres découpés dominent. On aimait les jardinets environnés de clôtures, de canaux. Justement, ce qui caractérisait le domaine de Fontainebleau, c'était l'abondance des eaux vives. L'emplacement du jardin anglais actuel offrait d'abondantes sources qu'il fallut contenir et distribuer de façon à n'en pas éprouver d'inconvénients pendant les crues subites des saisons pluvieuses. A cet effet, on construisit une énorme chaussée plantée de 4 rangs d'Ormes, qui venait aboutir à la Porte Dorée et qui, relevant les eaux à une hauteur déterminée, en formait un vaste étang (étang des Carpes), dont le trop plein s'échappait par des conduits, ménagés à dessein, dans le plan inférieur dont on fit le Parterre du Roi.

Ce Parterre, d'après le plan de Ducerceau, était partagé dans le sens de sa longueur et aux deux tiers de sa largeur par un canal bordé d'arbres ; un pont réunissait ces deux portions de terrain. Le plus grand, dominé par la terrasse située le long des bâtiments du château, était divisé en 12 carrés gazonnés, entourés d'Ifs, de Buis et d'autres arbres verts, ceints d'un fossé d'eau courante. L'autre portion de terrain, au-delà du canal, était partagé en deux carrés, l'un destiné au jeu de ballon ou de longue paume, l'autre subdivisé en 3 compartiments ; le premier formait un quinconce, le second avait aux angles des berceaux et au milieu des balançoires ; le troisième, qui s'étendait en longueur, était destiné au jeu de barres à la course ou à la lutte.

Le parterre, entièrement nivelé, formait un terre-plein dont les terres étaient soutenues à l'est par une seconde

Rémus, allaités par une louve. Le bassin était entouré d'une double balustrade en pierre et orné aux angles de vases de bronze jetant de l'eau dans de grandes coquilles. Des cygnes et des dragons de la même matière jetaient aussi de l'eau. Il y avait en tout 14 jets d'eau. Cette fontaine a joui pendant longtemps d'une grande célébrité. Plusieursr écits de voyageurs français et étrangers la signalent avec admiration. C'est pourquoi le Jardin du Roi prit le nom de Jardin du Tibre. Les effets d'eau de cette fontaine étaient remarquables pour l'époque, quoique bien dépassés à Versailles quelques années plus tard. L'eau qui sortait du sommet de la corne d'abondance que portait le dieu fluvial retombait en cascades et inondait à gros bouillons le rocher rustique. La statue du Tibre fut détruite en 1793 et le bronze converti en canons, mais la fontaine ne fut remplacée qu'en 1817 par la vasque que l'on voit aujourd'hui. Henri IV changea beaucoup le dessin du jardin. La terrasse de François Ier fut supprimée. Aux 12 compartiments ceints d'un fossé d'eau courante, il substitua de grands carrés subdivisés eux-mêmes en petits compartiments, avec une fontaine monumentale au milieu de chacun d'eux. L'ouvrage du Père Dan nous a conservé la figure de ces fontaines de genre rustique à congélations, c'est-à-dire chargées d'ornements en forme de

Fig. 4. — Anciens jardins de Fontainebleau : le Grand Parterre au xviie siècle.

chaussée parallèle à la première. Au-delà de ce mur formant terrasse, le sol, beaucoup plus bas, conservait sa déclivité naturelle sur laquelle les eaux supérieures s'épanchaient et formaient un ruisseau qui serpentait à travers les bois jusqu'à la Seine.

Jusqu'à Charles IX il est probable qu'on ne fit subir à ce jardin que de légers changements. Henri IV agrandit, embellit beaucoup les jardins de Fontainebleau. La mode des viviers où l'on conservait beaucoup de poissons durait toujours. Il laissa subsister le canal qui coupait le parterre du roi en deux portions inégales et partagea le petit espace par un autre canal. A leur rencontre, il fit établir par Francini, son ingénieur hydraulicien, un bassin carré au centre duquel s'élevait sur un rocher factice et percé à jour la belle statue colossale du Tibre que François Ier avait fait couler en bronze. Cette statue mythologique représentait la figure d'un dieu fluvial à demi couché, tenant dans sa main une corne d'abondance d'où partait un jet d'eau ; à côté, étaient les figures de Romulus et de

glaçons ou de stalactites usités encore aujourd'hui pour la construction des fontaines et bassins. Henri IV avait d'ailleurs conservé les anciennes plantations d'arbres et s'était contenté de les coordonner avec les nouvelles. Un plan du commencement du 17e siècle indique plusieurs rangs de hautes charmilles taillées qui permettaient de circuler à l'ombre autour du parterre. Les petits compartiments des grands carrés étaient dessinés par des Buis et des Ifs taillés.

Louis XIV ne trouva pas assez pompeux les jardins de Fontainebleau dont le système de décoration avait d'ailleurs vieilli. C'est ce que dit un des historiens de ce palais, l'abbé Guilbert, qui écrivait en 1731 : « Quelque soin qu'eût pris Francini de donner aux fontaines du grand parterre toute la magnificence possible, ces chefs-d'œuvre s'éclipsèrent au commencement du règne de Louis XIV et on leur fit succéder une terrasse de 3 pieds de haut et de 60 pieds de large qui règne tout autour de ce parterre et donne entrée au milieu de chaque côté par 6 degrés parallèles de 22 toises, à quatre allées de 7 toises de large qui accompagnent le parterre, l'un des plus magnifiques chefs-d'œuvre de Le Nôtre et le distribuent en quatre parties. Le parterre de ce jardin, l'un des plus vastes et des plus nobles de l'Europe, mérite l'attention des connaisseurs Son dessin est d'une très belle broderie le 4 carrés de buis, qui forment de magnifiques rinceaux autour d'un M accolé de deux LL qui étoient les chiffres de Louis XIV et de Marie Thérèse sous lequel il a été planté ». Le Tibre fut aussi changé de place et posé à fleur d'eau sur un bassin circulaire qui termine le jardin au sud. Les 14 jets d'eau du bassin central se trouvaient remplacés par un gros bouillon — sortant du rocher rustique — en forme de vase d'eau dit « pot bouillant » ou « champignon ». Les terrasses étaient alors ornées de plusieurs belles statues mais qui furent portées à Versailles sous Louis XV.

riche point de vue qu'il fut possible d'imaginer ». Les eaux se rassemblaient à la base dans un bassin peu profond pour alimenter ensuite le grand canal. Les cascades de Fontainebleau furent détruites en 1723.

Ce fut encore Louis XIV qui ferma le grand Parterre, du côté de la forêt, par la pièce d'eau circulaire à laquelle on a donné le nom de *Bréau* et par un canal à pans qui forme une clôture suffisante et permet de jouir sans obstacle du magnifique coup d'œil des coteaux boisés de la forêt. Ici l'œuvre de Le Nôtre est demeurée à peu près intacte. Seul, le théâtre d'eaux jaillissantes qui était l'une des attractions les plus admirées de Fontainebleau a dû disparaître, certainement, par suite du manque d'eau. Les sources, taries ou perdues, ne fournissent plus aujourd'hui la vingtième partie du volume d'eau que l'on pouvait se procurer au temps de Henri IV.

Fig. 5. — La Fontaine du Tibre (anciens jardins de Fontainebleau).

On doit encore à Louis XIV la création des cascades, commencées toutefois sous Henri IV. Le grand parterre est limité à l'est par une chaussée qui le sépare du Parc. Du terre-plein, on jouit d'une vue splendide sur le parc, auquel on accède par deux rampes dont le départ est orné de piédestaux qui supportent des sphinx de grès fort gracieux dus à L'Espanandelle. Le château d'eau fut construit entre les deux rampes et adossé au mur de soutènement de la haute terrasse. Il ne reste de ces cascades que le souvenir conservé par les estampes de Pérelle, quelques statues mythologiques qui ornent le couronnement et la base de cette belle construction que décrit ainsi un contemporain : « 25 à 30 cascades en forme de girandoles à quatre chutes accompagnoient une autre grande cascade qui faisoit le milieu d'une très belle rocaille de 15 toises de large sur 40 toises de long et répondaient à une prodigieuse quantité de cierges ou jets d'eau qui formoient un magnifique bassin terminé par quatre grottes rustiques en forme de massifs, sur lesquels semblent porter les grilles des deux rampes et qui, réunies avec les cascades et cierges d'eau présentoient à l'autre bout du canal le plus

III

Le Jardin de Diane

Le Jardin de Diane, d'une étendue restreinte, est le second jardin du Palais. Il semble avoir été créé sur un terrain vague par François Ier. On en voit le dessin sur le plan de Ducerceau. C'est un jardin consistant en 4 carrés de plantes à fleurs ; il est entouré de fossés du côté de la ville. Alors, on l'appelait le Jardin des Buis à cause des hautes palissades de Buis taillé qui en formaient le principal ornement. Plus tard, le Jardin de Diane fut entièrement environné de bâtiments servant à l'habitation des princes et princesses. Il eut, par suite, un caractère intime. C'était le jardin réservé des souverains. Même sous Napoléon III, les visiteurs n'y pénétraient que difficilement. De tout temps, ce lieu a été meublé des chefs-d'œuvre de l'art. Catherine de Médicis pendant la minorité de ses fils, y fit placer le *Tireur d'épines*, l'*Apollon du Belvédère*, le *Gladiateur*, le *Laocoon* et d'autres belles copies de bronze ou de marbre de statues antiques. Des comptes de dépenses montrent la construction d'une Orangerie au Jardin des Buis, dès 1561. C'était sans doute une grande salle de bois garnie de vitrages Pour son ornement, on la peignait et Ambroise Pierret fournissait 24 colonnes en bois ; Dominique Florentin sculptait, en bois, 9 figures de

Fig. 6. — Jardins de Fontainebleau : la Fontaine de Diane (état actuel).

dieux et déesses ; Germain Pilon fournit aussi plusieurs statues de bois : Vénus, Mercure, Junon, Mars.

Vers 1607, nous retrouvons ce jardin sous le nom de Jardin de la Reine. C'est que Henri IV, le second grand constructeur de Fontainebleau, n'avait pas oublié le jardin réservé des rois et des reines. Il recula les fossés, fit un parterre autour duquel il éleva la galerie des Cerfs et la galerie des Chevreuils. Ces deux galeries étaient terminés par une immense volière qui les réunissait et qui, détruite par un incendie sous Louis XV, fut remplacée par une Orangerie, cette fois en pierre ; de là un autre nom donné à ce jardin : Jardin de l'Orangerie.

La volière, construite au sud des galeries consacrées à la gloire de la Vénerie, avait 30 toises de long sur 3 de large ; elle était ornée d'un riche dôme qui couvrait un rocher factice dont la grotte de face était

occupée par une figure versant de son urne d'abondantes eaux.

De toutes les œuvres de Henri IV, il ne reste au Jardin de Diane, que le bassin en marbre blanc qu'il fit construire en 1608 et qui fait honneur à Francini. Ce souverain voulait faire un jardin particulier du Jardin des Buis. L'espace circonscrit par l'enceinte des bâtiments avait été divisé en quatre grands carrés ornés de fleurs et de compartiments de Buis taillés. Ils étaient entourés d'ifs affectant des formes bizarres et de charmilles pouvant abriter les promeneurs. Au centre de ces carrés, dont les angles furent arrondis, l'on érigea une magnifique fontaine en marbre, en forme de cirque à gradins. Au milieu, s'élevait, sur un socle carré, orné sur chacune de ses faces, de belles têtes de cerfs en bronze qui jetaient de l'eau. Ce socle était surmonté d'un piédestal rond, flanqué de quatre chiens de chasse assis et sur lequel s'élevait l'admirable statue de Diane chasseresse. Cette statue de bronze, dit le Père Dan, fut moulée sur une statue en marbre blanc (Musée des Antiques au Louvre) que l'on croyait être celle même qui, à Ephèse, rendait de si mémorables oracles. Toutefois, la figure de la déesse publiée par le père Dan diffère de celle que l'on voit aujourd'hui à la même place. Il n'y a plus quatre chiens en bronze aux quatre coins de son piédestal. Il ne reste, sur ses quatre faces, que les têtes de

Fig. 7. — Anciens jardins de Fontainebleau : le Jardin de Diane au XVIIe siècle.

cerf versant de l'eau dans le bassin de marbre auquel on descend par des degrés. Cette fontaine est d'un goût exquis et d'un genre fort différent des autres bassins construits par Francini. La fontaine de Diane, à moitié ruinée pendant la Révolution, fut restaurée en 1812 par Heurteault. Il l'entoura d'une balustrade de bronze s'appuyant sur 12 piédestaux couronnés de vases de marbre. C'est Napoléon Ier qui ordonna le parterre de Diane en jardin anglais avec allées sinueuses et gazons ornés de corbeilles.

IV

Le Jardin anglais

Entre l'étang célèbre par ses carpes et les routes de Moret et de Nemours s'étend sur une dizaine d'hectares le Jardin Anglais. Tout ce terrain irrégulier paraît avoir été un grand clos des religieux Mathurins avant l'acquisition qu'en fit François Ier en 1529. L'étang n'était qu'un cloaque. On creusa et on revêtit d'un cadre en gresserie ce petit lac de neuf arpents qui contribue merveilleusement à la beauté des jardins de Fontainebleau. Tout le long, à sa droite, se profila une avenue ombragée de grands arbres, nommée *allée royale* à cause de sa beauté ou peut-être parce qu'à certains jours le roi avait l'habitude de toucher les écrouelles à cet endroit. Sous l'ancienne monarchie, c'était une croyance que le roi de France possédait le don miraculeux de guérir les maladies scrofuleuses. Le 22 mai 1633, le nombre des dévots à cette cérémonie s'éleva à 1269, dont 266 Espagnols venus de leur pays. Le site enchanteur de l'allée royale est aujourd'hui le rendez-vous favori des « Bellifontains » qui s'y réunissent le dimanche.

L'étang est agrémenté d'un charmant édicule construit par François Ier mais plusieurs fois remanié. Le *Pavillon de l'Etang* forme un cabinet octogone placé sur une terrasse à plate-forme ornée d'un balcon à rampes de fer que Louis XIV fit mettre en 1700 à la place de balustres de pierre. Napoléon Ier et Louis-Philippe le restaurèrent, l'ornèrent à l'intérieur de délicieuses peintures. On raconte plusieurs anecdotes historiques relatives à ce salon d'été des souverains. Le tzar Pierre le Grand, reçu à Fontainebleau sous Louis XV, se fit servir un festin au Pavillon de l'Etang. Comme le repas se prolongeait outre mesure, on se rendit en gondole à l'îlot. A des signes certains, on reconnut que le tzar et ses nobles convives avaient bien fini de dîner... les libations avaient été telles qu'ils gisaient tous inanimés !

Dans sa contenance actuelle, le Jardin anglais comprend des terrains anciennement dénommés Jardins des Pins, Parterre de Buis, Jardin du Bois des canaux, Jardin des fruits, Canal des Truites

Le Jardin des Pins, ainsi nommé des arbres dont il était rempli, commençait à la Galerie d'Ulysse démolie plus tard et remplacée par l'aile Louis XV. Ce jardin offrait, outre les allées d'arbres qui l'entouraient, 7 grands

carrés d'égale grandeur subdivisés en planches de diverses formes. Quatre de ces carrés les plus rapprochés des fenêtres de la galerie étaient ornés de fleurs de toutes les saisons encadrées avec du Buis et autres arbustes verts taillés ; les autres compartiments étaient consacrés à la culture des plantes potagères et des arbres fruitiers. On citait comme remarquable le parterre de Buis où se trouvaient quelques Cèdres et un « Plane », arbre rare. Le Plane ou Platane, apporté d'Orient par Pierre Belon en 1558, paraît avoir été planté à Fontainebleau dès

Fig. 8. — Les Jardins de Fontainebleau : un coin romantique du jardin anglais, à la fontaine Belle-eau.

l'époque de son introduction en France. C'est l'avis de M. Clotaire Duval qui a étudié cette question dans un opuscule intitulé : *Introduction du Platane en France*, Melun 1896. En 1642, le Père Dan parle de cet arbre encore rare planté au parterre de Buis. Il se trouvait placé dans un pittoresque décor d'architecture végétale. « Autour du Parterre de Buis, dit-il, sont quatre grandes et belles allées en palissades, taillées en forme d'architecture. » L'abbé Guilbert, en 1731, parlant du Platane dans ce même Jardin des Pins, s'exprime ainsi : « A gauche et tout proche de l'allée royale, étoit un canal de même longueur et un parterre de gazon formé par 4 allées de palissades taillées en portique au milieu duquel étoit un Platane de 18 pieds de tour et quelques Cèdres qui accompagnoient une assez jolie fontaine. »

De cet ancien Jardin des Pins, il reste un témoin qui fut

plus durable que les parterres si souvent remaniés, c'est la grotte que fit construire François Ier pour servir de salle de bains à la Duchesse d'Etampes, sa favorite, dont l'appartement était situé au-dessus. Le tout formait un pavillon relié à la galerie d'Ulysse. La grotte du Jardin des Pins, comme on l'appelle encore aujourd'hui, était hors d'usage au 18e siècle ; à ce moment elle servait de resserre pour les outils de jardinier. Dans son état actuel, la façade, bien vétuste, peut toutefois donner une idée de ce qu'était autrefois une grotte de jardin, construction fort différente des imitations de grottes naturelles que nous voyons aujourd'hui. C'était toujours un monument architecturé, renfermant des fontaines, bassins et jets d'eau, à ce point que, dans l'ancienne langue, grotte et fontaine étaient

présence de deux bassins indique que c'était une salle de bains et on prétend même que l'on retrouve la trace d'une niche ou cabinet mystérieux où était placée une glace perfide dont fit usage le roi d'Ecosse. Un vieil historien de Fontainebleau, l'abbé Guilbert, raconte assez plaisamment, à ce propos, une conversation que Mme de Villedieu fait tenir à Jacques V, roi d'Ecosse et parlant à Henri II de Madame Marie-Magdeleine, fille aînée du roi François Ier, qu'il était venu demander en mariage : « Madame Magdeleine se baigna au commencement de cet été (1536), comme vous pouvez vous en souvenir, dit ce Roy, et choisit pour le lieu de son bain cette magnifique grotte que le Roy votre Père a fait faire à l'appartement de la duchesse d'Etampes. Je sçais le secret de cette fausse niche, d'où, par le moyen d'un miroir de réflexion qui est enchâssé dans la rocaille, on peut voir les dames dans le bain. Le Roy votre Père m'avait confié cet essai de sa curieuse galanterie. Je fis gagner l'officier qui a soin de cette grotte ; il me plaça dans la niche... »

Nous imiterons la réserve du bon abbé Guilbert, laissant Jacques V poursuivre sa conversation avec son futur beau-frère et, continuant notre visite rétrospective au Jardin des Pins, nous arriverons devant la fontaine de Bleau ou Belle-Eau, d'où la ville de Fontainebleau a tiré son nom.

Fig. 9. — Les Jardins de Fontainebleau : la grotte du Jardins des Pins (état actuel).

synonymes. La décoration intérieure consistait en peintures à fresques, mosaïques, coquillages, cristaux et incrustations diverses. Ici, l'ornementation, dont il reste des traces, était d'une singulière magnificence. Outre les peintures de grands maîtres, on avait employé à profusion l'aragonite, substance plus rare que le spath d'Islande et plus chère que le cristal de roche. Cependant le style rustique de l'extérieur de cette construction contraste par son austérité, par son apparence de force et de solidité avec la richesse, l'élégance et le goût recherché des ornements qu'on remarquait à l'intérieur (fig. 9).

Le péristyle de cette grotte dont nous voyons encore les restes offre trois arcades plein-cintre soutenues par des termes ou satyres de taille colossale formés de blocs de grès en apparence grossièrement taillés. L'ordonnance de cette grotte est attribuée à Serlio, Primatice ou Chambiges. Son âge a été aussi l'objet de vives controverses. Si l'on ajoute foi à une anecdote assez scandaleuse rapportée par Mme de Villedieu dans son *Journal amoureux*, on doit croire qu'elle existait avant 1536 ; elle aurait été construite par François Ier. Sa destination n'est pas douteuse : la

Cette fontaine se trouvait à peu près au milieu du jardin anglais, à gauche, près de l'allée royale. Comme nous l'avons dit, François Ier avait fait élever au-dessus une espèce de voûte en forme de grotte où était représentée la prétendue histoire du chien Blaud. Henri IV, qui fit agrandir et embellir ces petits jardins remplaça cette construction par un petit corps d'architecture de 4 pieds de profondeur taillé en forme d'abside ou de coquille fermée, élevée au-dessus de 3 degrés de pierre de taille qui descendaient autour d'un bassin octogone orné de sièges placés dans des niches prises sur le corps de l'ouvrage. La Fontaine Belle-Eau dura jusqu'en 1713 et fut détruite par Le Nôtre, lors du remaniement complet du jardin.

Du jardin des Pins, on passait dans le jardin du Bois des Canaux. Là se trouvait le canal dit des Truites qui y étaient nourries et 4 grands parterres entourés par des viviers remplis de poissons. Henri IV avait augmenté cette partie du domaine royal d'un jardin des fruits et de divers potagers. Il s'en occupait personnellement. On possède un ordre de ce roi, daté du 13 janvier 1597, commandant d'envoyer du Béarn à Fontainebleau des

« millicotons et pavies » que le jardin de François Ier né possédait pas.

Mais la confusion de ces jardins et de ces canaux ne pouvait nullement s'accorder avec les règles posées par Le Nôtre. Louis XIV fit arracher les arbres et niveler le Jardin des Pins, le Bois des Canaux et autres jardinets. Sous les ordres du duc d'Antin, intendant des Bâtiments, on établit en 1713, un immense parterre à la française, agrémenté de bosquets et d'un petit ruisseau.

Vers la fin du 18e siècle, on négligea d'entretenir ce nouveau jardin, si bien que sous l'Empire il ressemblait aux parties agrestes de la forêt. Napoléon Ier, quoique fortement imbu du jardin à la française et subissant probablement des influences féminines, transforma ce lieu « couvert de broussailles et repaire de reptiles » en jardin anglais d'une rare beauté. Le dessin, paraît-il, en est dû à Héurteault, architecte, membre de l'Institut. Le jardin fut exécuté dans le nouveau style entre les années 1808-1812 par un jardiniste anglais, ce qui explique son aspect de parc anglais aux lignes simples, harmonieuses, sans autre vallonnement que le mouvement naturel du terrain.

Le jardin anglais primitif né comportait pas de vallonnements. C'est Paxton, jardiniste anglais, qui a commencé vers 1830 à onduler légèrement le sol. Bulher et Paré, sous le Second Empire, l'essayèrent en France, puis Barillet-Deschamps mit cet art nouveau à la mode en accentuant les reliefs des pelouses et des massifs.

Les perspectives sont admirablement aménagées. On introduisit dans ce parc les essences rares à l'époque, comme le Tulipier de Virginie, le Sophora, le Cyprès chauve qui forme d'énormes « broussins » dans la prairie rendue humide par un mince filet d'eau qui serpente. On a sacrifié aussi au goût romantique. De blanches statues de marbre, non plus alignées sur des terrasses comme dans les jardins de Le Nôtre, mais isolées sur les gazons tandis que d'autres groupées dans un coin ombragé forment un décor mythologique. Tel est ce ravissant bocage orné d'un petit bassin aux eaux claires comme le cristal. Marie-Louise a dû se reposer bien souvent, assise sur l'hémicycle de marbre, dans ce frais réduit, véritable sanctuaire d'une naïade ! (fig. 8 et 10).

Mais si nous constatons ici l'alliance du style paysager et du genre romantique, une analyse plus complète nous amène à reconnaître les vestiges du genre régulier, conservés par tradition. L'architecture de pierre n'est pas la seule à montrer des styles de transition. Car, que penser de ces restes de palissades de Buis taillé, de ces petites allées sinueuses encadrées de Buis nain. Bien plus, des avenues rectilignes ombragées de Platanes déjà centenaires sont délimitées par deux traits de Buis nain taillé placé à 30 centimètres environ de distance et

dont l'intervalle est rempli par du Lierre rampant soigneusement maintenu en de justes limites. C'est là une décoration originale et riche, mais non admise dans le véritable jardin paysager.

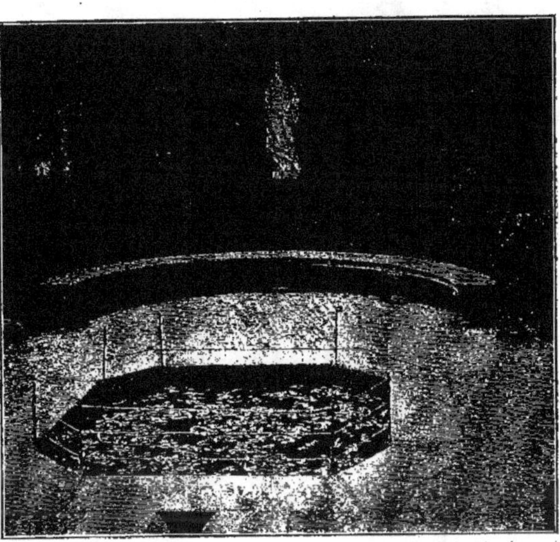

Fig. 10. — Les Jardins de Fontainebleau : le banc en hémicycle et la fontaine Belle-eau.

V

Le Parc

Le grand Parc, situé à l'est du château, est le complément indispensable de cette belle résidence. Il est séparé du grand parterre par le mur de la terrasse au pied duquel jouaient autrefois les cascades. Deux grilles établissent des communications avec ces deux parties du domaine.

Ducerceau, dans sa courte notice, ne dit rien de ce Parc et ne le comprend pas sur le plan qu'il a dessiné en 1579. Il existait cependant en partie. On a fait honneur à Henri IV de la création du grand Parc qu'il a seulement agrandi, embelli et entouré d'une muraille dans ses limites actuelles de 160 arpents environ.

Les origines du parc remontent à François Ier qui fit l'acquisition, en 1537, de la terre et seigneurie du Monceau, d'Avon et de partie de Fontainebleau. Cette seigneurie limitait le château à l'est. Sous Henri IV, la terre entière et le château du Monceau sur les limites d'Avon furent enclavés dans le parc actuel.

Pendant la minorité de Charles IX et de François II, la Reine-Mère avait fait construire une ferme et un pavillon de plaisance sur les terrains achetés au seigneur du Monceau. On appelait cette propriété la *Laiterie* ou la

My-Voie, parce qu'elle se trouvait exactement à moitié chemin du Palais et du château du Monceau.

a travaillé à la Laiterie et on lui paie ses peintures à l'aune. « A Nicolo dell' Abbate 251 livres 5 sols pour 6 aunes de peinture en grotesque. » Les restes de la Laiterie de Catherine de Médicis qui a perdu ses splendeurs, servent de logement au sous-chef jardinier, non loin de la Treille du Roi. Le Parc se trouva digne de prendre ce non seulement après les grands travaux qu'y fit faire Henri IV. Il le fit entièrement dessiner et planter en 1607 avec ses belles allées, son canal et le tour de ses murailles. Il prenait, paraît-il, un extrême contentement et un soin merveilleux à faire avancer cet ouvrage.

Le Canal de 1200 mètres de long, qui partage le Parc en deux parties inégales

Fig. 11. — Les anciens Jardins de Fontainebleau : les Cascades et le Grand Canal au xviie siècle (d'après une gravure de l'époque).

Le goût des bergeries n'est pas né au 18e siècle. Bien avant Marie-Antoinette, des grandes dames ont joué à la fermière. La Laiterie de Catherine de Médicis était bien une maison champêtre d'un luxe royal; nous voyons dans une ancienne chronique qu'elle fit faire un festin à sa Laiterie le dimanche gras de 1564. C'est là où la reine venait se divertir et prendre du laitage pendant l'été. On possède quelques comptes de dépenses des artistes qui ont travaillé à embellir de stucs et de peintures le principal corps de logis. Un de ces documents est ainsi conçu : « A Rogier, maistre peintre, la somme de 135 livres, pour ouvrages de peinture par lui faits, tant en grotesque que en pierres mixtes et autres couleurs, en l'allée qui va de la Laiterie dudit château, en la salle de ladite Laiterie. » Un Italien, en 1554,

sert d'émissaire aux eaux des fontaines du Parc. C'est un des plus beaux ornements des jardins de Fontai-

Fig. 12. — Les Jardins de Fontainebleau, vue du Grand Canal (état actuel).

nebleau, parce qu'il crée une admirable perspective. Sous Louis XIV, ce canal, creusé à l'imitation de celui du château de Fleury, servait aux parties de plaisir du roi. On voyait alors, le soir, ses eaux parcourues par quantité de galères, de gondoles dorées, peintes et pavoisées, pendant que des musiciens disséminés dans les bois du parc faisaient retentir les airs de joyeuses fanfares. (Fig. 11).

Sous Henri IV, le grand parc était déjà sillonné de majestueuses allées d'Ypréaux, d'allées en palissades, de bosquets. On y admirait un labyrinthe inextricable. Pour en parfaire la décoration, Louis XIV, en 1684, fit installer à gauche du canal cinq bassins de différentes figures et grandeurs dans une prairie dite des fontaines.

pour la vicomtesse d'Auchy, qu'il chante ainsi sous le nom poétique de Caliste :

« Beau parc et beaux jardins qui dans votre clôsture,
Avez toujours des fleurs ou des ombrages verts,
Non sans quelque démon qui défend aux hyvers
D'en effacer jamais l'agréable peinture.
Lieux qui donnez aux cœurs tant d'aimables désirs
Bois, fontaines, canaux, si parmi vos plaisirs
Mon humeur est chagrine et mon visage est triste,
Ce n'est pas qu'en effet vous n'ayez des appas,
Mais quoique vous ayez, vous n'avez point Caliste
Et moi je ne vois rien quand je ne la vois pas. »

Fig. 13. — Les Jardins de Fontainebleau : le Château d'eau (état actuel).

Ce parc et son canal ont inspiré bien des vers aux poètes du temps, car, avec ses ombrages et ses eaux, il pouvait être remarquable au XVIIe siècle. Nous taxerons cependant d'exagération Guillaume Colletet, poète maniéré qui commence une description du parc de Fontainebleau par ces grands mots, modèle du style emphatique :

« Sacré Père du jour, beau Soleil, sors de l'onde
Et viens voir avec moi le plus beau lieu du monde. »

Malherbe venait soupirer dans ces jardins, ses amours, soupire, il semble contempler sa propre décadence...

Le grand parc fut de nouveau défoncé et replanté en 1746. On arracha pour cela 25.000 pieds d'arbres dans la forêt pour le regarnir.

Bien qu'il soit couvert de grands arbres, le parc a perdu la plus grande partie de ses agréments ; les cascades, les bassins et jets d'eau ont disparu. Malgré les prodiges exécutés par M. Lesimple, avec ses ressources budgétaires insuffisantes, son entretien n'est plus possible. Le grand parc retourne lentement à l'état sauvage. Mélancolique et solitaire, il semble contempler sa propre décadence...

BIBLIOTHÈQUE NATIONALE DE FRANCE

3 7531 01995387 7

www.ingramcontent.com/pod-product-compliance
Lightning Source LLC
Chambersburg PA
CBHW061629050726
47595CB00007B/3105